ACTI
est dirigé par

MOTS CLÉS
POUR RÉUSSIR SES DICTÉES

Du même auteur

Collection "Les P'tits Bouts" (8 titres)
ACTES SUD JUNIOR

Martin Luther King
Gandhi, le pélerin de la paix
L'Abbé Pierre et l'espoir d'Emmaüs
François d'Assise
À Calcutta avec mère Teresa
Poèmes pour prier
Jésus, son pays, ses amis
Les Grandes Religions du monde
BAYARD

Du même illustrateur

Le Tour du monde
Oscar Peint
Le loup et les trois petits cochons
Le loup et le petit chaperon
Mes premières découvertes "J'observe"
GALLIMARD JEUNESSE

Oscar Gibus, le Magicien détective (série)
L'Affaire du Père Noël
Les Nains Ternet (série)
HACHETTE JEUNESSE

Certains de ces textes
sont parus dans Astrapi.

ISBN 2-7427-4536-X

Loi 49-956 du 16 juillet 1949
sur les publications destinées à la jeunesse

Les Grands Bonheurs

BENOIT MARCHON

MOTS CLÉS
POUR RÉUSSIR SES DICTÉES

Illustrations de
CLAUDE DELAFOSSE

ACTES SUD JUNIOR

Merci à Anne Gasser, conseillère pédagogique,
pour ses précieux conseils.

Des points, c'est tout !

Quand je m'étonne,
Quand je m'exclame,
Je mets un point d'exclamation !

Quand ma phrase n'est pas finie,
Quand je la laisse en suspens,
Je mets trois points de suspension...

Quand j'interroge,
Quand je pose une question,
Je mets un point d'interrogation ?

Quand j'ai écrit toute ma phrase,
Quand je suis allé jusqu'au bout,
Je mets un point, c'est tout.

c'est tout

Mets des guillemets !

Dans une histoire,
Quand quelqu'un ouvre
la bouche pour parler,
On ouvre la phrase
avec des guillemets.

Et quand il ferme la bouche
pour ne plus parler,
On ferme la phrase
avec d'autres guillemets.

Mots coupés

Pour couper un mot
à la fin d'une ligne,
La coupure est bonne
Quand on la fait entre deux conson-
nes,
Mais elle n'est pas belle
Quand on la fait entre deux voyelles !

Un chapeau sur la tête

Quand je vais à la pêche,
Quand je mange une pêche,
Je me dépêche
De mettre un chapeau sur la tête !

Il faut mettre un accent circonflexe
sur pêche, tête et se dépêcher.

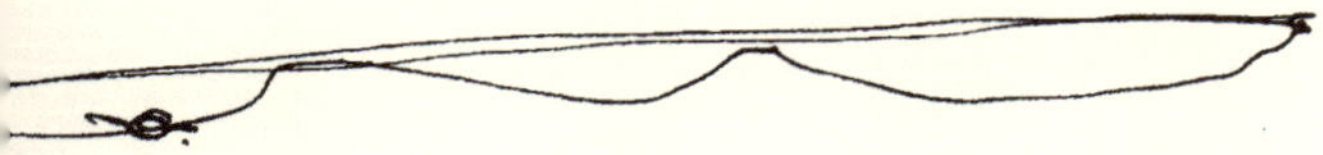

OÙ ou OU ?

Où a un poil au-dessus,
Sauf quand il veut dire ou bien.

On ne met pas d'accent grave
à ou quand on peut le remplacer
par ou bien.

Où

Chapeau !

On se met un chapeau
Sur la tête
Quand on fait la fête.

On se met un chapeau
Sur le crâne
Quand on entre dans un bâtiment,
Comme un théâtre ou un château,
Un hôtel ou un hôpital.

bâtiment
théâtre
hôtel
hôpital
château

Deux ou quatre ailes

Dans le ciel,
L'abeille et l'hirondelle
Volent grâce à leurs deux ailes.

Mais la libellule
Est tellement nulle
Qu'elle a besoin de ses quatre ailes !

Les mots abeille et hirondelle
s'écrivent avec deux L.
Le mot libellule
s'écrit avec quatre L.

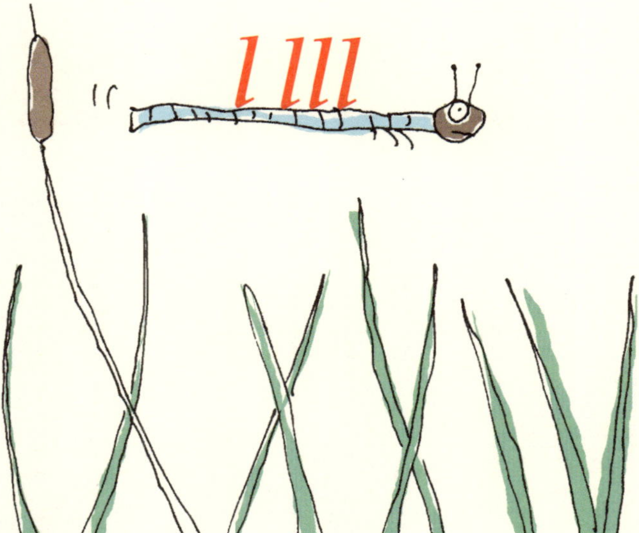

Quelle affaire !

Quelle offre !
Quelle affaire !
Pas d'effort à faire !
Tous les mots commençant
Par of-, af-, ef-
Prennent deux F !

(sauf afin, Afrique et africain)

OFFRE
AFFAIRE
EFFORT

PP

À petits pieds

Il faut deux P à échapper,
Car il te faut tes deux pieds
Pour t'échapper !

Le verbe s'échapper
s'écrit avec deux P.

T T
P P
T T
F F
T T

Pour mieux retenir

Frotter prend deux T
Pour mieux frotter.

Frapper prend deux P
Pour mieux frapper.

Flotter prend deux T
Pour mieux flotter.

Siffler prend deux F
Pour mieux siffler.

Trotter prend deux T
Pour mieux trotter.

Un ou deux

Je m'aperçois
Qu'apercevoir ne prend qu'un P,
Mais il m'apparaît
Qu'apparaître en prend deux !

P
apercevoir

PP

La cane et la canne

Madame la cane a deux pattes,
Mais elle n'a qu'un N.
La canne de la vieille dame
n'a qu'une patte,
Mais elle a deux N.

Ne confonds pas la cane
(la femelle du canard)
et la canne (pour aider à marcher).

C'est la vie !

Tu dois te nourrir
deux fois par jour.
Mais tu n'auras qu'un jour
Pour mourir.

Le verbe nourrir prend deux R,
le verbe mourir un seul R.

n
nn

Dédé, l'addition !

Mets un D plus un D
Pour pouvoir faire une addition !

Il ne suffit pas de souffrir

Un F ne suffit pas au mot suffire.
Et tu vas souffrir
Si tu ne mets qu'un F à souffrir !

D

\+ *D*

= *DD*

Amen !

Les mots commençant par am-
N'aiment pas être suivis par un M.

Sauf ammoniaque et ammonite.

Gare à la carriole !

Une carriole prend deux R
Car elle a deux roues.

Cinq d'un coup !

L'oiseau est une merveille
Pour apprendre les voyelles,
Car il en contient cinq
à lui tout seul :
A, E, I, O, U.

Il y a six voyelles dans l'alphabet :
A, E, I, O, U, Y.

Recette

Pour bien faire des œufs à la coque,
Il faut mettre les œufs dans l'eau.

Le mot ŒUF s'écrit avec l'E dans l'O.

je zozote
POISON

on sifflote
POISSONS

Histoire de sons

Un S placé entre deux voyelles
Se met à zozoter.
Deux S placés entre deux voyelles
Se mettent à siffloter.

Un S placé entre deux voyelles
se prononce Z.
Deux S placés entre deux voyelles
se prononcent S.

Attention !

Fais très attention
À ce que tu avales :
Le poisson avec deux S
Te fait grandir,
Mais le poison avec un seul S
Te fait mourir !

Incroyable !

Comme par un tour de magie,
Le G se prononce comme un J
Quand il est devant un E ou un I.

j
G
I
E

Abracacabra

Pour éviter que ça et ça
Ne se transforment en caca,
N'oublie surtout pas la cédille !

Devant A, O et U,
mets une cédille sous le C
pour le faire siffler.

ÇA ÇA

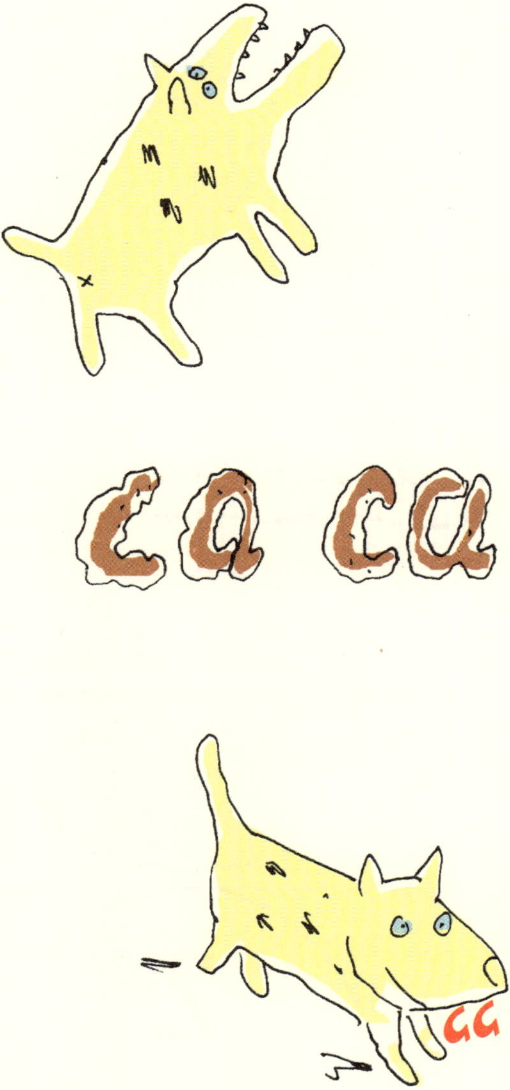

Quelques z'erreurs

Tu fais une erreur
Quand tu dis « les sept z'erreurs ».
Tu as un zéro
Quand tu dis « vingt z'euros ».
Tu as une mauvaise idée
Quand tu dis « cent z'idées ».
Tu n'as pas d'excuse
Si tu dis « mille z'excuses ».

Les chiffres sont invariables, sauf vingt et cent quand ils sont multipliés (quatre-vingts, trois cents) et ne sont pas suivis d'un autre chiffre ou d'un autre nombre (trois cent quatre-vingt-deux).

J' ai cent idées...
T

HOU
HOU!

Fais z'attention !

Si tu dis « des z'haricots »,
Tu es un zigoto !
Si tu dis « des z'héros »,
Tu es un zéro !
Si tu dis « des z'hiboux »,
Tu es un zoulou !
Si tu dis « des z'hurlements »,
Tu es un hurluberlu !
Si tu dis « des z'hauteurs »,
Tu es un zozoteur !

On ne doit pas faire la liaison
devant certains mots commençant par un H,
comme haricots, héros, hiboux,
hurlements, hauteurs.

les serpent sont bête
S

Gare à toi !

Au bout d'un nom au pluriel,
N'oublie pas de mettre un S,
Sinon gare à tes fesses !

La plupart des noms au pluriel
se terminent par un S.

Le paysan dans son champ

Un champ s'écrit sans S
Car un paysan travaille
dans son champ sans cesse.
Mais le temps s'écrit tout le temps
avec un S
Car le paysan travaille
par tous les temps.

Au singulier, le mot champ
s'écrit sans S (sans cesse),
contrairement au mot temps.

Au galop !

Tout seul,
Je cavale
Sur mon cheval.
Tous les deux,
Nous allons au galop
Sur nos chevaux.

Au pluriel, les mots en -al
se terminent en -aux,
sauf quelques noms
comme bal, carnaval,
festival, régal.

A
L

A
U
X
A
U
X

POUX
CHOUX
JOUJOUX
CAILLOUX
GENOUX
BIJOUX
CAILLOUX

Hou ! Hou !

Si vous mangez
Des choux
À genoux
Sur les cailloux
Avec vos bijoux
Et vos joujoux,
Vous deviendrez
Des hiboux
Pleins de poux !

Les mots chou, genou,
caillou, bijou, joujou,
hibou et pou
prennent un X au pluriel.
Tous les autres mots en -ou
prennent un S au pluriel.

L'amour toujours !

Toujours se termine toujours
par un S.
Jamais ne se termine jamais
sans un S.

Les mots jamais et toujours
se terminent par un S.

JE NE TE QUITTERAI JAMAIS
JE T'AIMERAI TOUJOURS

Pas la peine d'en rajouter...

Au pluriel, ce n'est pas la peine
d'ajouter un S
Aux mots qui au singulier
se terminent par un S.

De même que pour les mots en -X et en -Z.
Par exemple : des repas, des palais, des progrès,
des colis, des os, des rébus, des creux, des gaz, etc.

Ensemble sans cesse !

On est plusieurs
Quand on est ensemble.
Mais si bizarre que cela te semble,
Ensemble ne se termine pas par un S !

feu
jeu
PIEU

Des bleus aux fesses

Il n'y a aucun risque à mettre un X
Au pluriel des mots en -eu et en -au.

Il vaut mieux pourtant mettre des S
aux pneus des landaus
Sinon les bébés auraient des bleus
aux fesses !

Les mots qui se terminent en -EU et en -AU prennent toujours un X au pluriel, sauf pneu, landau et bleu.

Aïe ! Oh !

Oh ! oh ! oh !
Presque tous les mots en -ail
Au pluriel se terminent en -aux,
Comme corail, travail et vitrail.

Aïe ! aïe ! aïe !
Sauf sept mots que je vous détaille :
Attirails, chandails, détails,
Épouvantails, gouvernails et portails.

Beaux bals

Bal au pluriel s'écrit bals
Car c'est quand même plus beau
De dire « quels beaux bals »
Que « quels beaux baux » !

Je me suis fait bobo aux bals..
Oui, mais quels beaux bals.!.

je suis Léon
ON

À la santé de Léon !

Léon a de la santé
Et les on sont sans T
Quand on peut les remplacer
Par Léon.

On est un pronom indéfini
qui s'emploie toujours comme sujet.
Ont est le verbe avoir au présent,
à la troisième personne du pluriel.

Ennemies et amies

Le N a de la haine
Pour le B, le P et le M !
Alors ne le place jamais devant eux.
Mais le M, lui, les aime !
Alors place-le toujours devant eux.

Dans un mot,
un N n'est jamais suivi d'un B,
d'un P ou d'un M,
sauf dans bonbon,
bonbonne, bonbonnière, embonpoint
et néanmoins.

N
B
P
M

M
B
P
M

U
Q

Cul nu

Le Q n'est jamais tout nu :
Il est toujours suivi du U !

La lettre Q est toujours suivie
de la lettre U, sauf dans les mots cinq et coq.

Moitié-moitié

En une demi-heure,
Je ne prends qu'un demi sans œuf.
Mais en une heure et demie,
J'ai le temps d'en prendre un !

Quand l'adjectif demi
est devant le mot qu'il qualifie,
il s'écrit sans E (sans œuf).

S
C

Prudence !

Est-ce que tu sais
Qu'il te faut un S et un C
Pour descendre un escalier ?

Les mots descendre et escalier
s'écrivent avec un S suivi d'un C.

r
e e
I

La mère du maire est à la mer

La mer avec ses vagues
Se termine en R
Car on y respire du bon air.
La mère avec ses enfants
Se termine en E
Car elle leur fait de bons œufs.
Le maire avec son écharpe
S'écrit avec un I
Car il travaille à la mairie.

Ne confonds pas la mer (l'océan),
la mère (la maman)
et le maire (du village).

Le geai est-il gai ?

Quand on est très gai,
On l'écrit avec un A et un I
Car on pousse des Ah ! et des Hi !
Mais quand on est un geai,
On l'écrit avec un E
Car cet oiseau pond des œufs !

Farces et attrapes

Si tu fais un pet
En buvant deux thés,
Tu seras bien attrapé !

Attraper s'écrit avec un P (un pet)
et deux T (deux thés).

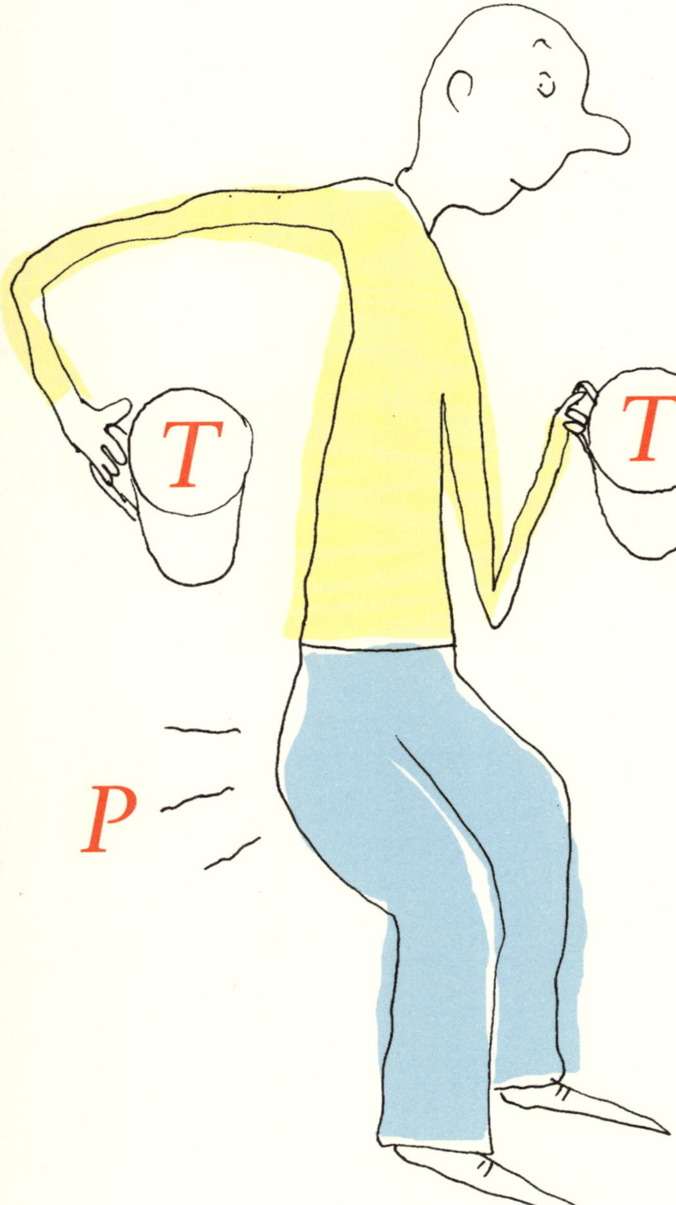
T
T
P

Elles n'aiment pas les œufs

La brebis, la perdrix,
La fourmi et la souris
Ne prennent jamais d'œufs
La nuit.

Tous les mots féminins en I
se terminent par un E,
sauf brebis, perdrix, fourmi,
souris et nuit.

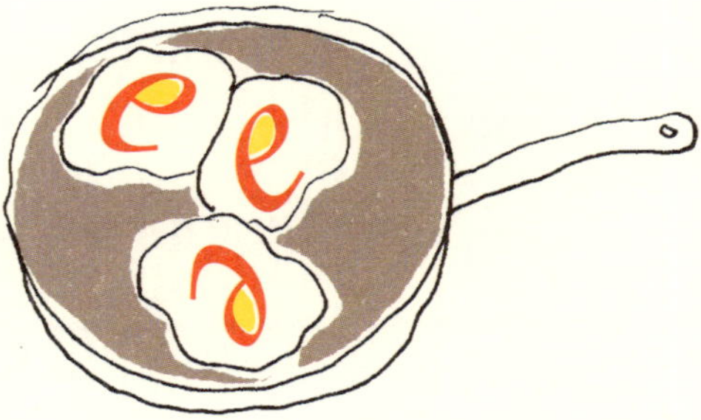

Bizarre, bizarre !

Est-ce un hasard
Si les dés sont un jeu de hasard ?
Non ! C'est pour t'aider à savoir
Que le mot hasard
s'écrit avec un S
et se termine par un D.

Attention, ne confonds pas
"hasard" avec "bizarre".

À la bonne heure !

Ne fais surtout pas d'erreur :
Les noms féminins en -eur
Ne prennent pas de E à la fin.

Sauf : heure, gageure et demeure.

ERREUR
E

MENU

Bon appétit !

Miam, miam, miam,
Je suis allé manger
Chez le grand sorcier.

Aïe, aïe, aïe,
J'ai été mangé
Par le grand sorcier !

On ne dit pas « j'ai été manger »,
mais « je suis allé manger ».

La fessée

Si vous dites « disez »,
Vos parents vous riront au nez.
Si vous dites « faisez »,
Ils vous donneront la fessée !

Il ne faut pas dire « vous disez »,
mais « vous dites ».
Il ne faut pas dire « vous faisez »,
mais « vous faites ».

Je, tu, il...

Après je,
Tu vas tout rater
Si tu termines le verbe par un T.

Après tu,
Tu écriras avec justesse
La fin du verbe avec un S.

Après il,
C'est une maladresse
De terminer le verbe par un S.

tu réussis

il rate

bp

Des hauts et des bas

La barre du b
Attrape le ballon.
La barre du p
Pêche les poissons.

La lettre b a la barre qui monte
au-dessus de la ligne d'écriture.
La lettre p a la barre qui descend
au-dessous de la ligne d'écriture.

Être et Hêtre

Le verbe être n'est correct,
Que quand il a son chapeau.

Pour abattre un hêtre,
Il te faut une hache et un chapeau.

Le verbe ÊTRE s'écrit avec un accent circonflexe sur le E.
L'arbre appelé HÊTRE s'écrit avec un H
et un accent circonflexe sur le E.

Mâle et Mal

Un animal mâle est mal écrit
S'il n'a pas de chapeau sur son A.

Comte, Conte et Comptes

Le comte aime (M) la comtesse.

Dans les contes, les méchants
ont de la haine (N) pour les gentils.

Le comptable fait les comptes
pour la paie (P) des employés.

CONTES

COMPTABLE
PAIE
642
369
137
834

Amande et Amende

Ah ! que c'est agréable de manger
une amande !

Heu ! que c'est ennuyeux de payer
une amende !

E
100€
amende

Sot et Seau

Un sot est un idiot.
Il ouvre une bouche comme un O
Et il n'a pas de tête mais il a un T.

Un seau est rempli d'eau.
Il s'écrit comme l'eau
que l'on met dedans.

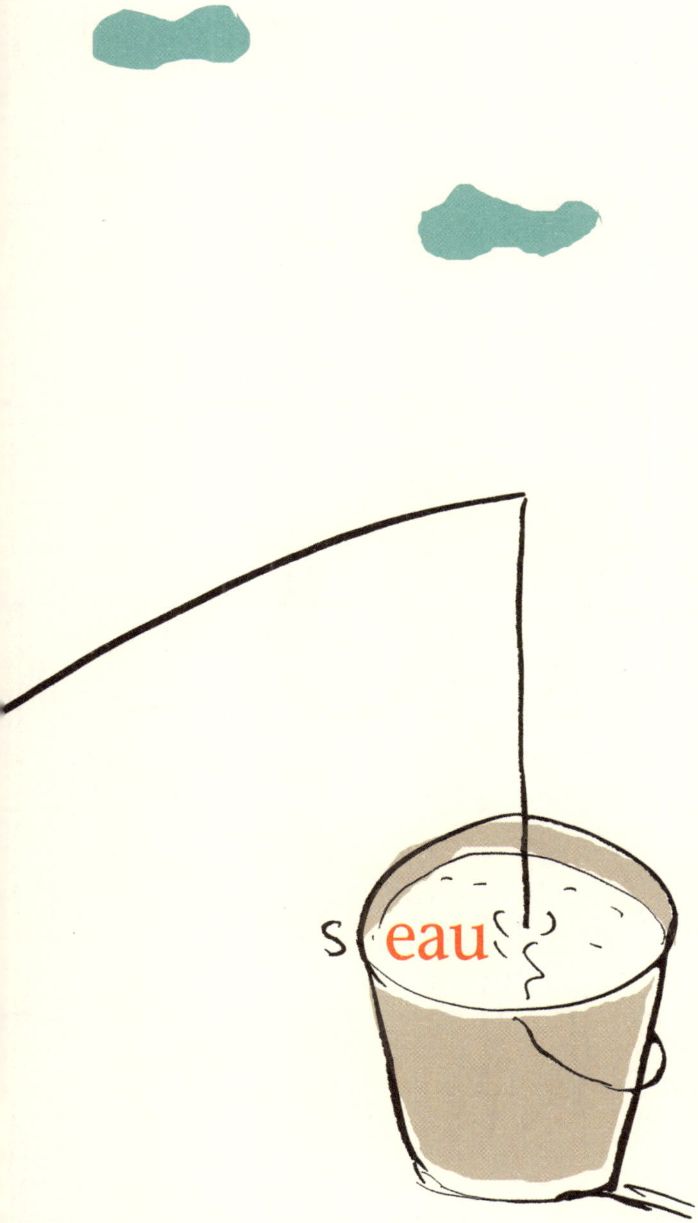
s eau

Plutôt ou Plus tôt ?

Avant d'écrire plutôt,
Demande-toi si tu peux le remplacer
Par plus tard.
Si oui, plus tôt s'écrit en deux mots !

Quelquefois ou Quelques fois ?

Écris en un mot quelquefois
Quand tu peux le remplacer
Par le mot parfois.

Écris en plusieurs mots
quelques fois
Quand tu peux les remplacer
Par les mots plusieurs fois.

Poing et Point

Le poing du boxeur
Ne se termine point
Par un T, mais par un G
Car il frappe souvent
La gueule de son adversaire.

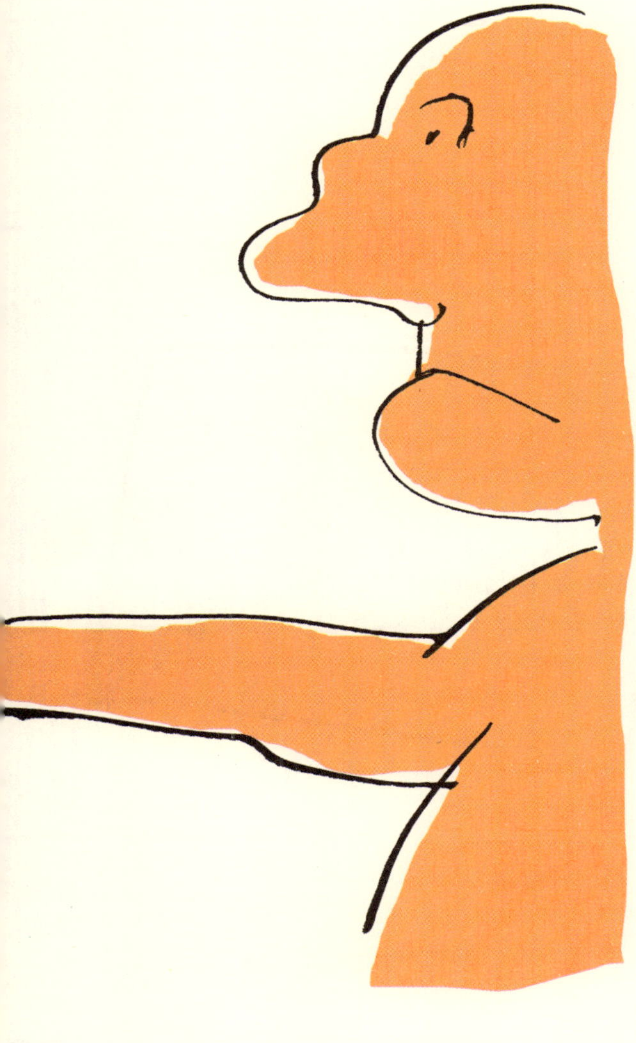

Moi et Mois

Je suis tout seul à être moi,
Donc moi ne prend pas de S.

Comme il y a plusieurs mois
dans l'année,
Un mois de l'année prend un S.

MOI
Au MOIS d'AVRIL

MOI
au mois de décembre

Faim et Fin

Quand on a faim,
On a envie de pain.

Quand on est fin,
On est mince comme un i.

FIN

Poil et Poêle

Un poil s'écrit avec un i
Car il ressemble à un i.

Une poêle s'écrit avec un E
Car on y cuit des œufs.

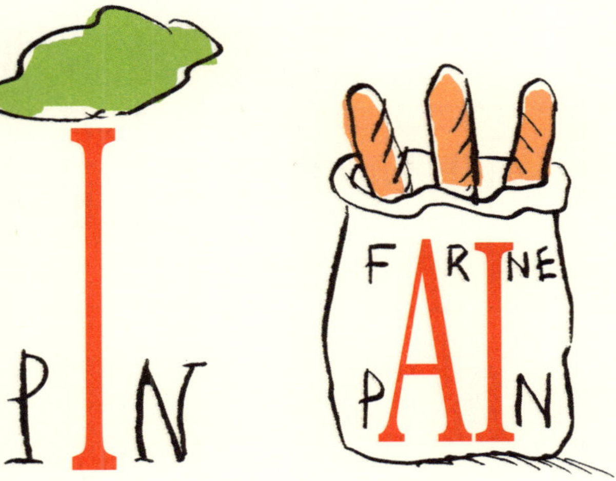

Pin et Pain

Le pin s'écrit avec un i
Car cet arbre se dresse
droit comme un i.

Le pain que l'on mange
s'écrit avec un A et un i
Car on le fait avec de la farine.

Porc et Port

Le porc se termine par un C
Comme le cochon
commence par un C.

Le port se termine par un T
Car il protège les bateaux
avec sa jetée.

TE
EE
POR

Croix, Croître, Croire

Quand je fais une croix,
Je dessine les deux barres d'un X.

Quand je croîs,
C'est que je grandis, je crois !
Alors je mets un chapeau sur le i
Pour avoir l'air d'avoir encore grandi !

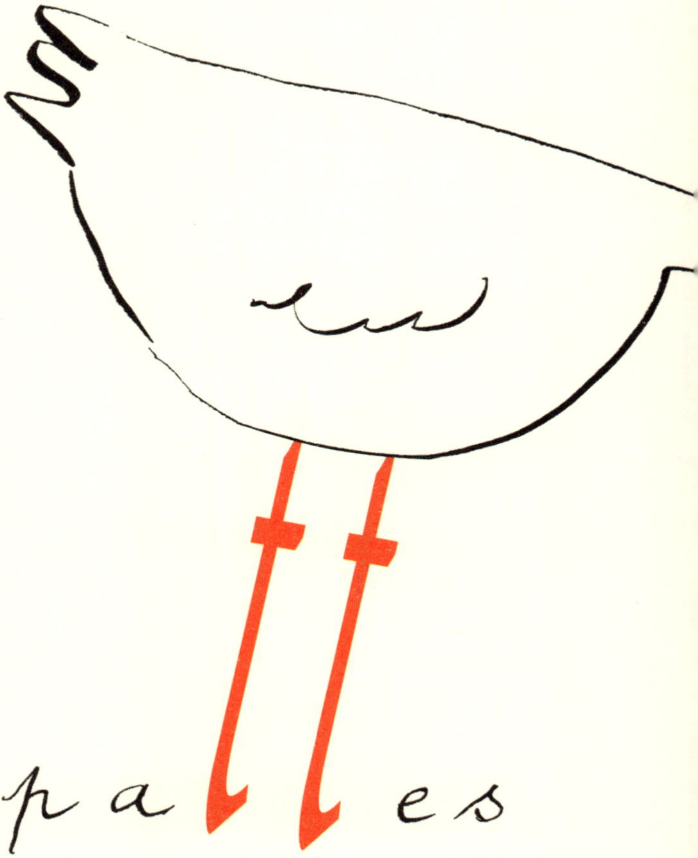
pattes

Pattes et Pâtes

Tous les oiseaux ont deux pattes,
Alors il faut mettre deux T
à leurs pattes.

Quand on fait cuire des pâtes,
On met un couvercle.
Alors il faut mettre un accent
Comme un couvercle sur le A.

Toit et Toi

Pour avoir un vrai toit
Au-dessus de toi,
N'oublie pas de l'écrire avec un T :
Sa barre horizontale te protégera !

TOI
TOIT

P
COU
DE

Cou et Coup

Il vaut mieux écrire le cou sans P
Car on meurt
si on a le cou coupé !

En revanche, le coup qui fait mal
s'écrit avec un P,
Comme le coup de pied aux fesses !

DOS

Do et Dos

La note do se termine par un O
Car la bouche en chantant
forme un O.

Au bout du dos, on met un S
Car la colonne vertébrale
dessine un S.

ballet

Ballet et Balai

Il faut deux jambes pour danser
Donc il faut deux L à ballet.
Mais il suffit d'un L au balai
Car il n'a qu'un manche.

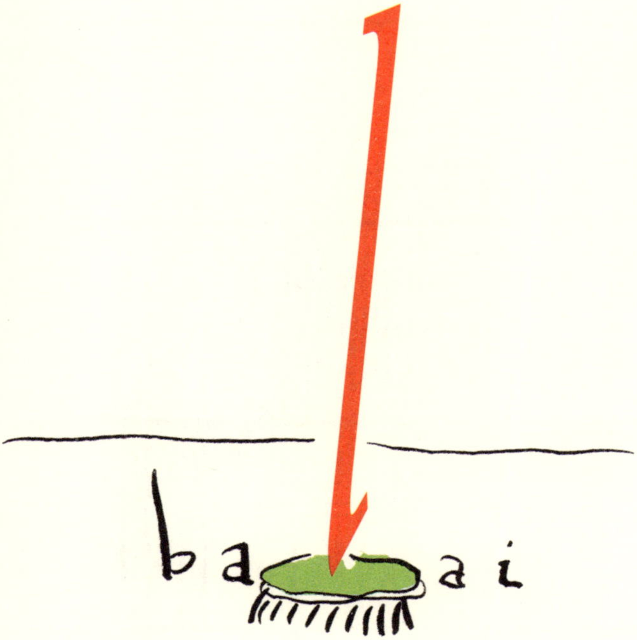

Zéro et Héros

Le zéro se termine par un O
Car le O se dessine comme un zéro.
Le héros se termine par un S
Car il fait des prouesses.

héroS

veRRe

Verre et Ver

Le verre à boire s'écrit avec deux R
Car on met souvent deux verres
Quand on a des invités.

Le petit ver, lui, ne prend qu'un R
Car il a un drôle d'air
Quand il se tortille pour avancer.

La présente édition rassemble en un volume
les deux recueils parus sous les titres de
Mots-clés pour réussir ses dictées, *2000*
et Mots-clés pour être un as de la dictée, *2002.*

Table

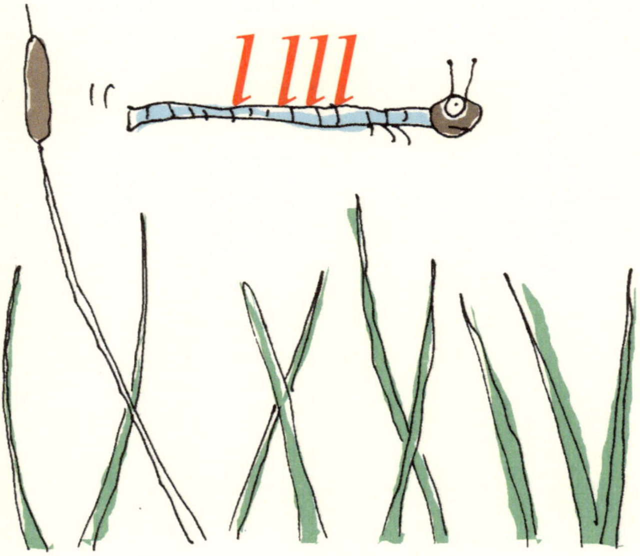

Vous connaissez ou vous avez inventé
d'autres formules pour retenir les pièges de
l'orthographe et les difficultés du français.
Envoyez-les à :
Actes Sud Junior
"Les Grands Bonheurs"
18, rue Séguier - 75006 Paris
Elles seront peut-être publiées
dans un prochain livre de la collection.

Direction artistique :
Isabelle Gibert

Maquette :
Maud Cornu
et Guillaume Berga

Reproduit et achevé d'imprimer
en janvier 2004
par l'imprimerie Collet à Mayenne
pour le compte des éditions
ACTES SUD
Le Méjan
Place Nina-Berberova
13200 Arles

Dépôt légal
1re édition : avril 2002
N° impr. 2004 01 0118
(Imprimé en France)